Reihe Reiseliteratur Band 4

AF289335

Vera Hewener

Unterwegs in Deutschland

Reisegedichte, Geschichten, Notizen

Quer durch Deutschland reisen, in die Metropole der Landeshauptstadt Berlin, einen neuen Blick werfen auf Städte, Dörfer und Landschaften, von der Spree an die Nordsee, vom Rhein-Main-Gebiet an die Mosel bis zur unteren Saar. Die Reisegedichte, Geschichten und Notizen aus dem Werk von Vera Hewener reichen von 1983 bis in die Gegenwart. Lesende erwartet bei den Streifzügen durch Deutschland "beeindruckende, leichtfüßige und dennoch hintergründige Gedichte" (Louie 9/2022).

Vera Hewener, Dipl.- Sozialarbeiterin, Jahrgang 1955, mehrfach ausgezeichnet, u.a. Superpremio Cultura Lombarda (I) 2001, 1. Preis Deutsche Sprache und Trophäe Novalis (F) 2004, Grand Prix Européen de Poésie (F) 2005, Goethe Trophäe 2007, zuletzt Wilhelm Busch Preis (F) 2017.

„Gedichte, die mit geballter Bildsprache arbeiten." SZ Ostern 1998. „Heweners Sprache ist Rhythmus und Malerei." SZ 07.05.02. „Die Sprache selbst ist überaus bildhaft mit einem sicheren Gespür für lyrisches Gestaltungsvermögen, leicht und dabei doch reich an einer Metaphorik, die nicht verklausuliert, sondern die es ermöglicht, hinter die Sprachbilder zu schauen. Sie lässt die Erkenntnis des Lesers zu, ohne zu beschweren oder zu bagatellisieren." www.input-aktuell.de abger. 17.08.10. „Jedes Wort schillert und ruft ein Bild hervor." SZ, 07.11.11. "Tiefsinnig und doch abwechslungsreich sind diese Texte vom Nordseestrand." SZ, 01.04.06. "In Heweners Gedichten überlagern sich die Zeiten und Epochen. Die Vergangenheit ist in ihren Zeilen ebenso nah wie die Gegenwart. Die Gedichte sind im wahren Sinne des Wortes farbenfroh. Vera Hewener versteht das Handwerk des Dichtens." SZ 29.07.09. „Offensichtlich steckt auch ein Schalk in Hewener." SZ, 07.12.17. "Beeindruckende, leichtfüßige und dennoch hintergründige Gedichte, die da durch das Wasser rauschen oder auf der Gischt tanzen." Louie Nachrichtenblatt für Saarlouis Ausgabe 9/2022. „Eine neuartige Wirklichkeitsnähe entsteht durch eine überreiche Metaphorik... besonders bei den Streifzügen durch Städte und Ortschaften." Wochenspiegel Buchtipp 16.03.23.

Reihe Reiseliteratur Band 4

Vera Hewener

Unterwegs
in Deutschland

Reisegedichte, Geschichten, Notizen

Die Deutsche Bibliothek verzeichnet diese Publikation in der Deutschen Nationalbibliografie; detaillierte bibliografische Daten sind im Internet unter www.http://dnb.dnb.de abrufbar.

Vera Hewener
Herstellung und Verlag:
BoD – Books on Demand,
Norderstedt

Printed in Germany
1. Auflage 2024
ISBN 9783759729132
12,00 EURO

INHALTSVERZEICHNIS

1984

heimat du

in deinen armen lass mich ausruhn
das heimliche flüstern deines kaminfeuers
wärmt wieder ich hänge meine kleider
an den haken bürgerlicher wegwerfnormen
nur schutzlose nacktheit ist mein gewand
denn du bist die nähe der erde
und mutter du der freundschaft

in deinen straßen knistern die
schweigenden laute unendlicher sehnsucht
sehnsucht nach frieden und vereinigung
denn du heimat bist überall
deine unausgesprochenen worte sind
weises streicheln ihr sanftmut
wird zertrampelt von den stiefeln der kreuzritter

dein aufgerissenes land trägt tiefe spalten
fahnen wehen über furchen und fußspuren
stacheldraht ist deine haut geruch der verwesung
zerschneidet dich faul oh heimat
land du der trennung und des todes
das heiße wachs trost schmerzt schwer die suche
nach dem winkel geborgenheit ist zweiwegig

AN DER SPREE

Berliner Metamorphosen oder die Suche nach deutschen Standbildern

02.10.1993

Samstag, zweiter Oktober neunzehnhundertdreiundneunzig. Ein Nachmittag vor dem dritten Vereinigungstag. Ich stehe mitten in Berlin. Zum ersten Mal! Um Menschen aufzuspüren, die über vierzig Jahre eingekesselt lebten, um Mensch zu hören, für die Westberlin wie eine Oase wirken musste, jene anderen Deutschen, für die die Nachkriegszeit anders begonnen hat.

„Ik war erst dreimale hier. Verloofe mich jedetmal am Kudamm. Es iss viel zu teua, wa? In de Nebenstraßen kannste war koofen, in de kleenen Jeschäfte oder in'n Kaufhäusern."

Die Ostberlinerin wirkt zufrieden. Keine sehnsüchtigen Blicke auf die prunkvollen Auslagen. Haute Couture oder Schmuckstücke? Achthundert Mark der Rock von Joop, das Kostüm eintausendvierhundert. oder eine Rolex gefällig? Na ja, wer kann sich das bei uns schon leisten? Auch Westdeutsche müssen rechnen.

Vorm Europacenter steigt der Lärm merklich an. Eine bunt gemischte Menschenmenge verteilt sich auf die Ruhebänke, die Bäume einzäunen und um die Kaffeetische der Straßenlokale und Restaurants. Ich setze mich, die Füße noch nicht wund gelaufen, brennen tun sie aber. Um meine Ohren Serbokratisches. Jetzt erkenne ich sie, Hütchenspieler. Eine Horde junger, kräftiger Männer streunt zwischen den Bauminseln vor

meinem Areal. Sie suchen Opfer. Aggressive Körperge-
bärden wecken meinen Adrenalinfluss. Ich bin nicht
allein auf meinem Bankkreisel. Offensichtlich wollen
sie nichts von mir und meinen ruhebedürftigen Sitz-
nachbarn. Ein kleines weißes Briefchen wechselt den
Besitzer. Der Junkie sieht abgemagert aus. Illegale Ge-
schäfte blühen. Links, unweit vor meinem Ruhebaum,
ein weiterer Junkie, bietet nagelneue Lederstiefel an.
Diebesgut? Wo bin ich hier? Ich fasse um meine Hand-
tasche. Was hat dies alles bitteschön mit meinen Ver-
einigungsgedanken zu tun?

Großstädte bergen ein hohes Potential an Krimi-
nalität. Das weiß man doch! Weshalb sollte gerade
Berlin da eine Ausnahme sein? Ich tröste mich, ertap-
pe mich dennoch bei Sauberkeitswünschen, infantilen
Vorstel-lungen von der sogenannten guten deutschen
Zeit. Soll sie wieder anbrechen oder andere Zeiten
ausbrechen? – Entscheiden kann ich mich nicht, nein,
ich wünschte mir nur, ein gutes Gefühl haben zu kön-
nen bei dem Gedanken, in der alten und neuen deut-
schen Hauptstadt zu sein. Meine Verdrängungsstrate-
gien deutscher Ge-schichte funktionieren jedoch nicht.
Aber wüsste ich nicht, das ist Berlin, nichts würde mich
wundern. All jene Not gedrungene Existenzen fielen
mir gar nicht auf. Diese offene Verelendung gehört ins
Bild einer Großstadt. Das ist der Preis, den die West-
deutschen schon lange zahlen. Nur, dass dies keiner
mehr wahrnimmt.

„Es jeht uns bessa", sagt die Ostberlinerin, „sicha,
einfach iss et ebend nich. Aber wir ham jetzt allet.
Wenn meene Bekannten klagen, frag ik se, wollt a denn

wieder zurück? Niemand will det, wa! – Aba det schreibt ja keena."

Ja, ja, denke ich, was dem einen recht ist dem anderen noch lange nicht billig. Ich muss weiter. Schließlich wollte ich historischen Boden betreten. Fahr ich mit der S-Bahn oder ruf mir eine Taxe? Lieber Taxe. Diese Umsteigerei bin ich als Autofahrerin nicht gewohnt. Außerdem Bahnhof Zoo. Noch mehr Elend? Mir reicht's!

Wir fahren zehn Minuten auf der Straße des Siebzehnten Juni. Höhe Potsdamer Platz steige ich aus. Die Weite beeindruckt mich. Menschen schauen alle interessiert zur Seite oder nach oben. Touristen wie ich. Ich gehe durch das Brandenburger Tor. Wo ist mein erhabenes Gefühl, einig deutsches Vaterland? Was wächst hier zusammen, was doch zusammengehörte? Japanische Videokameras vertreiben mich von meinem Standpunkt. Ich starre die Quadriga an. Siegeswagen. Welcher Sieg, frag ich mich, und über wen oder was? Weshalb bin ich so verunsichert, schließlich geht es mir doch aus gut?

Die zugeschütteten Mauerumrisse, oder sollt ich sagen, der abgerissene Schutzwall, zeigt zumindest noch geographisch die Trennung an. Zwei dicke Mauerblöcke hintereinander, dazwischen Stacheldrahtreusen. Ich höre Gewehrfeuer. Die Angst steigt mir tief in die Glieder. Imaginäre Scheinwerfer blenden mich und durch das Megaphon: „Bleiben Sie stehen, sie verlassen den Boden der deutschen demokratischen Republik!" Ein Knall. – Jemandem ist der Fotoapparat aus der Hand gerutscht. Ich höre viele Stimmen, geducktes, geheimnisvolles Flüstern, Rufe. Es ist nur eine neue Reisegruppe.

Das alte Reichstagsgebäude strahlt ehrwürdige Ruhe aus. Auf dem großen Vorplatz ist mittlerweile Rasen eingesät, Heckenumrandungen gepflanzt, Sitzplätze hergerichtet. – Ich spüre die Verzweiflung, die mir aus dem Boden entgegenschlägt. Die Todesschüsse haben Friedhofsruhe hinterlassen. Der Vorplatz eine Ruhestätte oder eine Todesgruft? – Ich kann mich wieder nicht entscheiden. Das, was ich fühle, lässt keine eindeutige Aussage zu. Eine Führung durch das Gebäude möchte ich nicht. Außerdem ist die letzte Gruppe sicherlich schon drin. Es ist spät geworden und die Dämmerung zwingt mich zur Umkehr. Noch einmal wandert mein Blick um das Reichstagsgebäude auf die andere Seite der Spree. Die schroffen Rückfronten der Hochhäuser tragen vereinzelt noch die Fenstergitter. Ich wünschte mir, ich könnte stolz sein, bei dem Bekenntnis: „Ich bin eine Deutsche." – Doch es hat seine Bedeutung verloren.

Berlin, August 2014

Prenzlauer Berg

Hitzewallende Strahlen
zwischen den Dächern
wärmen den Weg
eine Verführung des Lichts

der grüne Atem der Prenzlauer Allee
schlägt mir entgegen
wie ein Sonderzug nach Pankow

Flugzeuge kreisen
im Landeanflug
vor mir wandelt die Zeit
in Kinderschuhen

im aufgewirbelten Staub
paradiert Walter Ulbricht
er streckt die Hand aus:
„Niemand hat die Absicht
eine Mauer zu errichten"

der Wagen hält an
Vollbremsung der Geschichte
malt bröckelnde Fassaden bunt
fünfundzwanzig Jahre nach der Wiedervereinigung
kennt Berlin nur noch Bauzäune

Karl-Liebknecht-Straße

Die Saarbrücker Straße
durchkreuzt die Karl-Liebknecht-Straße
Paradestrecke eines Déjà vu:
Kaugummi verklebte Bodenplatten
vor der Backfabrik

Luftblasen platzen
im auffrischenden Wind
im Grün der Gärten
längst verblasst
das Gesicht Erich Honeckers

nahe dem Stasizentrum
steht ein stahlverhauener Arbeiter stramm
vor Augen die Silhouette
des Fernsehturms

Münchner Hofbräu leuchtet
als Inschrift herüber
die holzgeschnitzten Tische und Bänke
des „alten Fritz" bleiben leer zurück

ich laufe weiter über „Gehwege mit Schäden"
die Sonne blitzt mir ihr Licht in die Augen
für die Klarsicht auf das Zentrum
der Stadt

Berlin Alexanderplatz

Die Zeit wird restauriert
Züge fahren in alle Richtungen
in der Luft thronen die Buchstaben
der Berliner Zeitung

eine Reisegruppe spricht hebräisch
fotografiert und schlendert
über den Alexanderplatz
im Sucher jüdisches Leben

in der Nikolaikirche
sind die Stimmen verstummt
der Cherub des Glaubens schwebt
auf den Engel der Treue zu
Maria hat das Kind verloren
das Volk hat sich selbst entlassen

der Rundgang ist gebührenpflichtig
zwischen den Grabsteinen berühmter
und weniger berühmter Zeitgenossen
betrachtet Paul Gerhard sein Werk

in der evangelischen Marienkirche
wurden vormals Ungläubige geköpft
katholische Christen
wurden zu Minderheiten

Berlin Lustgarten

Das rote Rathaus ist bewacht
eine Steintafelbordüre hält
das Mauerwerk zusammen
in ihren Reliefs diskutiert das Parlament
Köpfe rauchen im Turmzimmer

unterhalb der Stadtverwaltung
stauen sich schwitzende Touristen
an der Schiffsanlegestelle
für die Rundfahrt auf der Spree

Planierraupen sind unterwegs
Umwege mit historischen Bauplänen
verstellen den Ausblick
zum gegenüberliegenden Dom
der Spaziergang durch den Lustgarten
von Bauzäunen versperrt

im Dom herrscht Besichtigungsfieber
Huldigungen Schinkelscher Architektur
mit Kameras und Tablets

im Glasfenster schüttet der Kelch
seine Liebe in den Altarraum
die Taube fliegt unermüdlich
über alle Köpfe hinweg
der Raum der Stille
ist wie ein offenes Geheimnis

Gottesfürchtige suchen
vergeblich nach Andacht
allein die Gebetskerzen
auf den Eisenständern
brennen für die Himmelsgewissheit

Im Intercity-Express
Von Saarbrücken nach Berlin am 26.11.2018

1
Der Zug rollt in den Tag
mit dem Licht wachsen
die Spiegelungen im Fenster
die Schatten aufgescheucht
lagern an den Rändern
zwischen Einschlafen und Aufwachen
eingeschlossen im Abteil
brennt der Feuerball morgens
ein Loch ins Dunkel

2
Dämmerung zieht vorüber
die Durchlässigkeit begrenzt
von den Bergen des Traumverlusts

Dann aber ein sichtbares Blau
lichtgetupft von Straßenlaternen
die Bilder der Dörfer

quietschende Eisenklänge
Schienenreibung Gleisübertritt
Umschaltungen mit denen du ruckelst
aufgerüttelt von der Wahl neuer Wege

3
Die Bahnhöfe sind voll
lautgewordene Geschäftigkeit
Reisende schweigen vor sich hin

nicht gestellte Fragen in den Gesichtern
ungewiss des Kommenden
an den Stellschrauben der Züge
bleiben die Uhren stehen

Einstieg und Ausstieg
durch die gleichen Türen
du siehst in die Ferne
vollendest die Gedanken
in den Schranken möglicher Störungen

Aber die Vögel
fliegen darüber hinweg

4
Im Kopfbahnhof verdichten sich
Richtungen ein gestörter Triebwagen
auf Umwegen ausgetauscht
Landschaft im Stillstand
Verspätung mit Aussicht

in den Wiesen schwärzt sich das Röhricht
vom Zuruf des Windes in den Blätterwirbeln
Tiefnebel schleicht zwischen Haltepunkten

wenn der Zug die Fahrt wieder aufnimmt
hat sich die Richtung geändert
verlorene Zeit wird aufgeholt
Höchstgeschwindigkeit
reißt die Hügel aus den Tälern
wie wildgewordene Rennpferde

5

Durch den Tunnel gezogen der Vormittag
Luft blubbert in den Röhren
zwischen vorbeifliegenden Zügen
Tempo das auf die Ohren drückt

Fahrgäste lenken sich mit Laptops ab
verhandeln das Wettrennen der Wirtschaft
Vertröstungen Entlassungen Bedauern

im Fensterausschnitt leere Vogelnester
verhakte Verlassenheit im Kahlgeäst
Mispeln haben sich eingewildert
weiße Blasen Schaumstoff
der Wünsche und Hoffnungen

Berliner Notizen

27.11.2018

Regnerische Trübnis in Berlin. Neunundzwanzig Jahre nach dem Mauerfall zeigt sich Berlin vor dem ersten Advent vorweihnachtlich. Auf dem Alexanderplatz reiht sich Bude an Bude. Im Angebot Glühwein mit und ohne Schuss, Berliner Weiße, Schweinshaxe mit Sauerkraut oder Bratwurst, Nippes, Tand oder Handgearbeitetes gefällig? Na ja, regional ist das nicht gerade.

Es ist nicht überfüllt, aber dennoch gut besucht. Menschen schlendern von Stand zu Stand, in der Hand ein warmes Getränk oder eine Bratwurst. In der Ecke offenes Feuer auf einem Rost, ein Wärmplatz für Frierende. Sie setzen sich auf die Bänke, die im Kreis um die Feuerstelle herum aufgestellt sind. Es ist kalt geworden. Kinder fahren Karussell, laufen voller Freude die Stufen hinauf ins Obergeschoss der Weihnachtspyramide aus dem Erzgebirge. Das Riesenrad dreht bedächtig seine Runden, auf dem Eisfeld schlittern jauchzend die Vorsichtigen von einer Bande zur anderen.

Menschen aus allen Teilen der Welt suchen den „German-Faktor", die preußische Akkuratesse oder die bajuvarische Urgewalt. Nichts davon ist zu finden auf dem Weihnachtmarkt, auch nicht die christliche Besinnlichkeit. Der Markt erinnert mehr an einen Rummel als an ein religiöses Ereignis. Weltläufigkeit prägt das Angebot als touristische Attraktion, das Brauchtum als Fassade, kommerziell und unpersönlich. Romantik scheint einer kalkulierten Nüchternheit gewichen zu sein. Mag sein, dass der letzte Anschlag auf den Weihnachtsmarkt dieses Gefühl hinterlassen hat.

Die Beleuchtung ist eher spärlich, kein weithin sichtbarer überproportionaler hell erleuchteter Tannenbaum, keine festlichen Straßengirlanden, Sterne, Glitter oder Flitter, nur Asphalt, Mauergrau, Türme und Spitzen. Nach dem Glühwein gehen wir in unser Hotel zurück.

28.11.2018

Heute ist Kaiserwetter, würde man in den Alpen sagen. Die Sonne scheint, die Strahlen durchdringen die blaue Kälte, wärmen die Gesichter und Herzen der Vermummten. Sightseeing ist angesagt in der Hauptstadt Deutschlands. Erstes Ziel: der Berliner Dom. Navigation mit Handy, Geocaching in der Bundeshauptstadt. Der Fußweg ist unbeschwert. Auf der Spreebrücke posieren Besucher für den Schnappschuss des Tages. Selfies oder doch ein Passant als Fotografen ansprechen? Der Akkus meines Smartphones gibt jedoch bereits den Geist auf.

Im Kirchenraum ist Fotografieren mit Blitz nicht erlaubt, die wenigsten halten sich daran. Grundschüler werden in den ersten Bankreihen von einer Pfarrerin in Zivil unterrichtet, religiöser Anschauungsunterricht mit Erlebnisfaktor. Flüsterstimmen, Getuschel, durch das Hauptschiff wandern Touristen von einem Fresko zum nächsten, im Blickfeld die vier Evangelisten in den Ecken des Kuppelaufsatzes, weit entfernt die weiße Taube in der Kuppelspitze als Friedensgruß.

Vor dem Altar stehen prächtig vergoldete, meterhohe Kandelaber mit elektrischen Kerzen. Betreten verboten. Aus der Seitentür am Zelebrationsaltar kommt eine weitere Schülergruppe mit einer Lehrperson herein, still, wohl erzogen, andächtig. Auf den Emporen der Kaiserloge und des Hofstaates stehen ebenfalls prunkvolle elektrische Kerzenhalter, die Besucher zwängen sich in die Bankreihen, ein Organist probt Kirchenmusik. Sinfonische Klänge verströmen sich im Gotteshaus, nötigen zur Aufmerksamkeit, vielleicht ist doch ein Gottesdienst vorgesehen? Eher nicht.

Nach dem Verklingen erklimmt die Touristenschar die unzähligen Stufen hinauf zum Dommuseum. Herzkranke werden vor der Anstrengung gewarnt. Die ersten Entwürfe des Kirchenbaus sind zu bestaunen, Modellanfertigungen hinter Glas, historische Zeichnungen, Pläne des Neubaus und Wiederaufbaus. Gussformen werden präsentiert, original verwitterte Kapitelle sind an der Wand befestigt, Steinfiguren in den Nischen, Johannes der Täufer ohne Kopf. Die restlichen zahlreichen Stufen führen hinauf in die Domkuppel, Rundgang im Freien mit Ausblick auf die Dächer der Stadt.

Nach einer Verschnaufpause Abstieg in die Krypta. Monarchen, Fürsten und Kinder der Hohenzollern reihen sich Sarg an Sarg. Friedrich der Erste im Totenbett prangt übergroß auf einem raumfüllenden Wandgemälde inmitten brennender Kerzen und Lilien.

Im Domshop protestantische Säkularisierung. Neben Handtüchern, Kaffeebechern, Badezusätzen, zahlreichen Geschenkpackungen mit Parfum und Seifen werden auch Bibeln angeboten.

Um ein Uhr mittags Besichtigung des Mauerparks. Die Bernauer Straße im Glanz der Wiedervereinigung, Stahlstehle an Stahlstehle fügen sich zusammen, Erinnerungsmonumente an die einstige Mauer mahnen an die Zeit zwischen 1961 bis 1989. Die Geschichte illustriert auf hohen Steinwänden, eingebaute Abspielmöglichkeiten der Bänder mit aufgezeichneten Fluchtberichten.

„Niemand hat die Absicht, eine Mauer zu errichten", hör ich Walter Ulbricht sagen. Umrisse eines Grenzhauses zeichnen die Aufteilung der Räume nach, Küche, Keller, Wachposition. Barrikaden, Fallen, Todeszone, ein Wachturm, eingerahmt zwischen neuer und alter Mauer als Europäisches Kulturgut gekennzeichnet. Ein runder Sakralbau bietet die Möglichkeit zu innerer Einkehr, der Kauf von sogenannten „Schusterjungen", kleinen Brotstücken, ist erwünscht.

Die Rückfahrt mit der S-Bahn. Ist der Fahrschein noch gültig? Zwei Kontrolleure schwadronieren am Bahnsteig. Sie sagen uns, dass der Fahrschein abgelaufen sei, also einen neuen Fahrschein ausdrucken und lösen. Einsteigen nach der Durchsage, Gedränge, höfliches Vorlassen von Müttern mit Kinderwägen.

Die gleiche Ausländerin wie bei der Hinfahrt bettelt, fleht professionell, jammert Apfel essend, im Brustbeutel einen von ihr unbeachteten Säugling, vor sich hergetragen wie ein Paket. Der Kontrolleur spricht sie an, Lamentieren, Schluchzen. Doch es nützt nichts.

„Die Menschen sind hier alle gleich", sagt er mit leicht türkischem Akzent. „Die Regeln gelten für alle." Er veranlasst ihren Ausstieg, ebenso den einer minderjäh-rigen Drogensüchtigen und eines weiteren Ausländers, alles Passagiere ohne gültigen Fahrschein.

Der Fußweg zurück zum Hotel in die Lounge zieht sich, dann wohltuender Kaffeegenuss. Wir wärmen uns vor der Heimfahrt nach Saarbrücken noch einmal auf. Der Koffer hinter dem Tresen ist gut verwahrt. Es wird Zeit, das Taxi kommt nach fünf Minuten.

Der Berliner Hauptbahnhof ist mittlerweile ad-ventlich hergerichtet, Lichtgirlanden hängen von der Decke, Bäumchen, Gestecke, die Farben grün und rot, alles sehr traditionell. Endlich fühle ich den Zauber von Berlin, die unendliche Vielfalt an Menschen, Sprachen und Auslagen. Geborgenheit in einer Atmosphäre des Aufbruchs, der Unrast und Ungewissheit.

Ist das Gleis richtig, steht der Zug schon? Dann die Durchsage, dass das Gleis geändert wurde, eiliger Wechsel, Rolltreppen fahren, den Bereich für den Ein-stieg in den Erste-Klasse-Waggon suchen und warten, bis der ICE eintrifft. Alle bringen genug Geduld auf, die Angekommenen aussteigen zu lassen.

Den Sitzplatz finden, sich einrichten und zur Ruhe kommen. Jemand hat die reservierten Sitzplätze einfach belegt. „Bleiben Sie nur sitzen. Es sind ja nicht alle Plät-ze gebucht." Wir setzen uns auf die Plätze daneben. Die Vorfreude, wieder nach Hause zu kommen, überfällt nicht nur mich. Ob wir bald wieder nach Berlin fahren werden? Jedenfalls nicht im Advent.

Dresdner Stollen

Am ersten Adventssamstag betrat ein Kunde eine Berliner Bäckerei. Die Theke war voller Weihnachtsplätzchen, die Auslage bot lauter Leckereien und Köstlichkeiten.

„Guten Tag. Was hätten sie denn gerne?", fragte die Verkäuferin freundlich.

„Guten Tag. Ich hätte gerne Stollen", sagte der Kunde.

„Wie Stollen? Fußballschuhe führen wir nicht."

„Was denn für Fußballschuhe?", staunte der Herr.

„Das weiß ich doch nicht. Sie wollten doch ein paar Stollen."

„Ja, genau, Stollen aus Dresden", wiederholte er.

„Seit wann hat denn Dresden eigene Stollen? Die hat nicht einmal die alte Hertha", geiferte die glühende Anhängerin des Berliner Fußballvereins. „Ob ihre alte Dame die hat oder nicht, ist mir egal, ich möchte jedenfalls Stollen aus Dresden", regte sich der Kunde auf.

"Wenn die erste Liga keine eigenen hat, gibt es für die zweite erst recht keine", widersprach die Verkäuferin.

„Aber Stollen aus Dresden sind weltberühmt", behauptete der Kunde ratlos.

„Solange Dresden den Aufstieg nicht schafft, gibt es auch keine Stollen für Dresden", bestimmte die Fußballfreundin.

„Jetzt hören sie mal, befinden wir uns hier in einer Bäckerei oder in einem Fußballladen?", empörte sich der Kunde.

„Sie befinden sich sogar in einer königlichen Hofbäckerei. Wir haben schon für Kaiser Wilhelm gebacken." Jetzt blühte die Verkäuferin auf. Konnte sie doch für die Bäckerei werben.

„Dann werden sie ja Stollen aus Dresden haben."

„Aber ich sage ihnen doch, dass Dresden keine eigenen Stollen hat. Das wüsste ich. Schließlich bin ich seit Jahrzehnten Hertha-Mitglied." Die Verkäuferin hatte kein Verständnis für so viel Unwissenheit.

„Ja, wie alt ist denn die alte Hertha?", wollte der Kunde die Ursache dieser Kappelei ergründen oder war dies bloß die vielgerühmte Berliner Schnauze?

„Die alte Dame gibt es schon seit 1892", dozierte die Fußballkennerin hinter der Theke genüsslich.

„Wie, die ist erst 127 Jahre alt? Stollen aus Dresden gibt es schon seit dem 15. Jahrhundert. Selbst August der Starke, der Kurfürst von Sachsen und König von Polen, hat ihn geliebt", glänzte jetzt der Kunde mit Wissen.

„Ich wusste gar nicht, dass es damals eine erste Liga gab", sagte die Dame hinter der Theke.

„Stollen aus Dresden sind seit 1560 erste Liga", erklärte der Stollenliebhaber.

„Aber heute nicht mehr", trotzte die Verkäuferin.

„Sie sind wohl nicht auf der Höhe der Zeit. In Dresden wird am zweiten Advent sogar ein eigenes Stollenfest gefeiert."

„Dann fahren sie doch zum Stollenfest nach Dresden. Hier jedenfalls gibt es sie nicht", empfahl die Dame hinter der Theke.

„Ich fahre doch nicht wegen ein paar Stollen bis nach Dresden! Schon gar nicht im Schnee. Dann hätte ich halt gerne einen Herthastollen", entrüstete sich der Käufer.

„Wir sind doch kein Fußballladen. Außerdem gibt es weder für die erste Liga noch für die zweite Liga eigene Stollen."

„Ja, aber da liegen doch Stollen in der Auslage." Der Kunde verstand die Welt nicht mehr.

„Das sind Marzipanstollen. Den Kuchen können Sie kaufen", verkündete die Verkäuferin.

„In Gottes Namen, dann nehme ich eben einen Marzipanstollen, wenn sie keinen Dresdner Christstollen haben."

„Selbstverständlich haben wir Original Dresdner Christstollen. Wenn sie einen Christstollen möchten, dann sagen sie das doch", versuchte die Verkäuferin, sich zu erklären.

„Sie haben doch mit dem Fußball angefangen. Kein Wunder, dass ihr Fußballclub sich die Stollen noch nicht verdient hat."

„Wie bitte?" Die Dame war irritiert.

„Den Fußballverein möchte ich sehen, der mit Christstollen unter den Sohlen Deutscher Meister wird", spottete der Kunde.

NORDSEE

Die Flut

Lange bevor das Hochwasser kam
wanderte ich über weites Watt,
durchwatete Priel um Priel,
Sandbank um Sandbank,
stampfte, schlitterte, torkelte ich.
Unter den Gummistiefeln
den Boden aus Poseidons Maul,
ausgespuckt zu Haufen der Marsch.

Beim Glockenschlag zehn
verließ ich den Pfad
von fischriechendem Wasser
und steigender Flut,
tobte in mir die Unruhe
wie Seemanns Gedacht:
Komm ich noch zurück
vor der Urgewalt Ungnad?

Die Wellen schlugen mir drohend nach,
aufbrausten in schäumendem Singsang.
Kreischende Möwen stimmten mit ein
in das Lied. Noch stieg die Flut.

Rinnen füllten sich breit und breiter,
drängten die Priel in die Furchen des Watt.
Laufenden Schrittes klopfte mein Herz
in die Angst vor den nassen Massen.

Endlich tauchten am Horizont auf
die Wacht vor der Macht der Natur.

Stolpernd kreuzte ich alle Rippeln,
am Strand gestrandet
wie zeitloses Treibgut.
Noch stieg die Flut.

Nordseesplitter

Sommer 1983

1
Die See hat den Sand in Falten gelegt,
warf Abgestorbenes ans Ufer.

Es verfault in der Erde,
die sich unentwegt verändert,
nur das Verfaulen verändert sich nicht.

Die Gerüche verprellen die Lebenden.
In konservierter Form verfault es in Dosen.

Es riecht nach Rost,
der eisernen Verwesung.

2

Der Wind peitscht Wellen ins Wasser,
treibt Sand an die Küste,
wiegt Muscheln in den Tod.

Ausgespült aus der Flut
bevölkern sie Sandbänke.

Priel träufelt noch einmal
Wasser in ihr Inneres,
als wollte sie ihnen
das Seemannsgrab
nachreichen.

3
Grüner Tang,
was hängst du glitschig
über Muscheln.

Schalen knacken
unter meinem Schritt,
zersplittern.

Möwen stürzen auf mich zu,
schlagen mit ihren Flügeln,
drohen mich zu vertreiben
vom Meeresfriedhof Watt.

4
Rauschen,
immer wieder Rauschen,
Rauschen in der Nähe,
Rauschen in der Ferne.

Es fliegt mich an,
zersetzt mein Gehirn
in einen Empfänger
seiner Wellenfrequenz.

Grelle Möwenschreie
schlagen gegen den Takt,
verändern die Pausen,
bespringen den Rhythmus.
Sie beißen sich am Taktstock fest,
wollen dirigieren.

5
Graue Wolkenhaufen
verdrängen die Sonnenplätze,
verschaffen sich Raum.

Zusammengepfercht
kauern sie sich aneinander,
warten auf den Zeitpunkt
ihrer Auflösung.

Ein Tropfen traut sich,
ihnen zu entfliehen.
Andere fallen nach.
Mitläufertropfen,
zerprasseln alles
unter sich.

Die Tränen der Vergängnis,
der Himmel weint sie aus.
Sie nässen alles Trockene,
berühren meine Haut.

Ich wische sie ab,
als wäre nichts
geschehen.

6

Die Sturmflut war angesagt.
Wind war die Vorhersage.
Er zauste an allem Festen,
riss Ungebundenes mit sich fort.

Windstärke zehn türmte
die Wellen meterhoch auf,
Mahnmale der Schiffe.

Sie klatschten gegen die Bretter,
fielen über sie her,
krallten sich in ihnen fest.

Im Sturmmaul verschlungen
versanken sie für immer.

7

Blanker Hans,
schwankst betrunken
an die Küste,
kost den Besucher
von allen Seiten.

Unzuverlässiger Gastgeber,
fängst an zu beißen,
zerreißt die Segel,
zerbirst den Mast,
zerstückelst die Bretter.

Und den Trauernden
singt dein Rauschen
das Grablied.

Scholle und Flunder

Die Scholle sprach zur Flunder
„Dein Kleid ist doch nur Plunder,
wie eine Fleckendecke,
du bist 'ne Meeresjecke."

Da sprach die Flunder: „Scholle,
sag, bist du nicht ganz dolle?
Das Meer ist keine Modenschau,
egal ob Mann oder ob Frau."

Da sprach die Scholle: „Flunder,
es wäre auch ein Wunder,
wenn du wärst wie das Meer so blau,
du bist nur platt und mittelgrau."

Die Flunder sprach: „Du, Scholle,
bist auch nicht grad aus Wolle,
dein Steingrau gleicht dem Meeressand,
getarnt wirst du nicht mehr erkannt."

„Oh Flunder", sprach der Plattfisch,
du bist ja nur ein Nachtisch.
Wer mich erkennt, kriegt Appetit,
mich zu verwandeln hält mich fit."

„Du hast doch Stachelflossen,
zählst nicht zu den Kolossen,
als Speisefisch wie du und ich,
landen wir beide auf dem Tisch."

Da zappelte ein Wattwurm,
es kam zu einem Ansturm,
am Boden kräuselte das Meer,
Scholle und Flunder hinterher.

In diesen Turbulenzen
hielt sich der Fang in Grenzen.
Der Wurm entpuppte sich als schnöder
weitgeworfener Angelköder.

Da sprach die Scholle: „Flunder,
das Pech ist ein Glückswunder.
Vergraben wir uns in den Sand
und bleiben unerkannt."

Wattwandern in Sankt Peter Böhl

Feuchter Sand unter den Füßen
schlingt durch Zehenritze sich,
Haare zerfetzt in Schnüre.

Zwischen den Muscheln braunrotblau
türmt sich des Sandwurms Gehauf.
Quallen, im zerrissenen Seegras erstickt,
Krebse in Ölklumpen gehüllt,
in rostige Dosen Gift gefüllt.

Wütende Priel gräbt immerzu Falten
in mühsam aufgewirbelte Sandbänke.
Queller und Andeln krallen sie fest,
die Narben hungriger Sturmmäuler.

Fischerleben

1
Der Fischer
schlurft matten Schrittes
morgens zu seinem Kutter.
Noch einmal Segel setzend
läuft er aus
bei Flut in die See.
Die Netze
fangen nichts Essbares,
Nur Reste einer Zivilisation.

2
Der Fischer,
gealtert wie der Kutter
vom Futterfangen,
tuckert
mit weißen Segeln.
Grauer Wimpel
flattert in der Zeit.

3

Auf Kopfsteinpflaster
hallen Schritte.
Lallend kehrt er heim.
Vergeblicher Versuch,
ein Lied zu pfeifen.
Der Verlust
blieb im Netz hängen.

4

Heimkehrer
aus der See,
schwankend,
wellengleich,
über den Deich.
Im Rhythmus
des Windes
fliegen seine
Gedanken.

5
Gräben im Gesicht.
Verhornte Hände.
Schleppender Schritt,
zersägt in der Zeit,
greift er noch einmal
in das Netz.
Das Gitter
des geflochtenen Taus
hat sich
in seinen Augen
eingekerbt.
Weiter kann er
nicht mehr sehen.

6
Graue Locken
im Plastikkamm
gezähmt.
Eine Mähre
aus Fischerszeiten
trottet
über den Markt.
Jeder Pflasterstein
ein Jahr.

7
Fischsuppe.
Brocken Brot.
Brackiges Wasser
umspült
die Bretterwände.
Morbider Geruch
zerronnenen Lebens
tränkt die Lufthöhen.
Aufgeblähte Segel
blähen den Magen auf.

8
Sturmflut,
unvorhergesagt,
schlägt unbändig
mit fressenden Wellen
gegen den Deich.
Angstvolle Augen
hoffen, warten,
stehen draußen
im wiehernden Wind.
Der Fischer auf See
sieht sie kommen.
Blickt er zurück?

Im Norden

Grünland rollt Welle um Welle an
die Ostsee umspült Jahrtausend alte Nehrungen
Kraniche hacken sich auf Rastplätzen fest

zwischen Mooswiesen und Heidefeldern
krümmen sich Pappelalleen
verlieren sich hin und wieder
in kleineren umwachsenen Wegen von
      hüfthohen
          mohnroten
              kornblumenblau
                  durchsetzten
                      Gräserwehen

hochkantig aufgerichtete wettergepeitschte Feldsteine
überschuppt von gelben Moosflechten
rufen nach Odin um ihn aus alten Buchen hervorzulocken

austreibende Blätter filtern das Licht
in dem sich schemenhaft sein Geist verbirgt
er überlässt sein Geheimnis
plötzlich aufwirbelndem Wind

Sonnenuntergang am Meer

Sonne brennt orangerot im Sand
klettert dunkler werdend
auf das Dünendach und zinnobert

am überhängenden Rand
strecken Halmhorste sich
borstig gegen den Himmel
als riefen sie: uns hat die Nacht erobert

unterhalb des Hügels
mäandern Graspfädchen
in dämmernden Schatten

entfernt treiben Schiffe
auf die untergehende Sonne zu
die abgetakelten Fregatten
machen die Schotten dicht

bevor sich die tiefblaue Dunkelheit
mit dem Meerwasser
zu einem einzigen

unendlich weit
          schwingenden
                    Wellengang
vermischt

Buddelfische

Ein Steinbutt ist kein Heilbutt,
ein Kabeljau nicht Preußisch Blau,
ein Grenadier kein Musketier,
die Lachse keine Dachse.

Doch sind sie Knochenfische,
buddeln vor Rochenschliche
sich in den Meeresuntergrund,
wird ihnen dies zu bunt.

Quallengang

Quallen lallen im Sand
wo sie ein Urlauber fand
herausgespült aus dem Meer
wabert ihr Gel giftig sehr
um doch noch 'nen Fuß zu fangen
sie auf den Urlauber sprangen
der fuchtelte wild umher
sprang aufgeregt in das Meer
wo sich die Qualle entband
und hurtig im Wasser verschwand

RHEIN-MAIN-GEBIET

Frankfurter Opernplatz am 27. August 1997

Multivisuelle Optik zwischen futuristischen Skylines
und kultureller Erblast am Frankfurter Opernplatz.
Ich sitze auf der Betoneinfassung eines Kandelabers,
suche nach Differenzierung und Identifikation.

Die späte Augustsonne schwitzt von den Höhen,
brennt mir ins Gesicht, bremst die Weitsicht
mit ungeahnt sengendem Hitzegrad.

Die Uhr der Züricher Versicherungsgesellschaft
zeigt im Brennpunkt der Gegenwelten
die städtische Zeit an,
prägt den Odem der Patrizierhäuser,
bis die Börsenmetropole ins Stocken gerät.
Ihr Emporragen klagt unaufhaltsam
den historischen Wendepunkt ein.

Die Taunusanlage gegenüber
belebt der Abenteuerspielplatz Riederwald,
wo Kinder sich ungehemmt
die Großstadt von der Seele quietschen.

Die Wasserkaskaden des Brunnens berauschen,
durchdringen unbeeindruckt die Lärmschwelle.
Sie versuchen vergeblich,
der aufgeheizten Atmosphäre
feuchte Kühle einzuhauchen, die zerfällt.
Der multikulturelle Menschenzug vermählt sich.

Hanauer Mittagsmärchen

01.01.2016

Heckenrosen glutrot Hibiskus blütenweiß
dazwischen wild wachsender blasslila Günsel
schläfern entlang der Steinheimer Wehrmauer

die Gassen der Fachwerkbauten kleiden
Pflastersteine mit Märchenaugen aus
Hänsel und Gretel suchen nach dem Knusperhäuschen

Rotkäppchen läuft dem Wolf mit einem Obstkorb davon
auf den Bänken des Hofbräuhauses
ducken sich die Bremer Stadtmusikanten

in der Altstadt döst im Café Hutten
das Aroma der Röstmischungen
strömt über Gartentische in die Blumenkästen
und trägt das Summen labender Insekten
in den kornblauen Himmel
in den Frau Holle zwischen Sonneninseln
haufenweise Federwölkchen haucht

eine diebische Elster kauert ermattet
auf dem Stadtschloss des Alten Rathauses
eine schwarze Katze schleicht umher
im Blick die Beute des Mittagmärchens

nur die drei Glocken im Turm läuten
den Brüdern Grimm ins Gewissen
Dichtung und Wahrheit zu trennen

Steinheimer Märchenflug

Langbeinig staksen Reiher im Nebeldunst
der Graslandschaft durch Wasserlachen,
eine Ebene aus tausend Teichen.

Kiefern ragen auf, an Wolkenschwämmen kratzend,
die sich von Tanne zu Tanne schleppen.
Regentonnen, aufgerieben,
drücken sich über leeren Nestern aus.

Im Astgestrüpp polstern ledrige Misteln,
verwurzelte Hexenbesen raunen, verwirren.
Vogelschwärme suchen das himmlische Kind.

Flugzeugmärchen jagen über Steinheim
grauen Luftschichten nach,
Schlieren hinterlassend, Himmelslinien
aus verbranntem Treibstoff.

Laubreste knittern noch immer an der Wehrmauer,
blättern von Birkenstämmchen ab,
im Steigflug das Neujahrsauge,
wähnt den Aufgang lichten Tags.

Verwunschen

Nieselschwaden treiben, tröpfeln
in die Spitzen fahlen Zweiggebüschs,
vernebeln die Umweltzone, Unken zur Freude.

Vielspurig aneinandergereiht
taucht auf die Straße der Zubringer.
Krähen spähen, kriechen, krakeelen
am Boden kalter Landung.

Im Dunst keucht der Frankfurter Flughafen,
wie ein verwunschenes Schloss, unerreichbar
sehenden Augs, am Boden Turbinenbrandung.

Fluglärm vibriert an Kabelwegen, Stromstraßen,
zurückgeworfen die Lichter des Towers
von der Wolkenwand. Aus dem grauen Kokon
tauchen Luftbusse auf wie Albatrosse.

Verblendung

Reisende kreisen am Neuhöfer Tann,
Sperber, aufgeschreckt im Beutezug,
trommeln über der Brücke.

Spulen an Strommasten aufgetürmt,
verbinden Oberleitungen, Eisenbahntrassen.
Waggons stehen still vor der Fahrt ins Graue.

Gonsbachlerchen pfeifen den Narrhallamarsch,
im Hafen frösteln Frachtschiffe im Rhein.
Schwerindustrie wartet auf Löschung, Freigabe.
Eine Zementfabrik wächst, versteinerte Verblendung.
Fraglos fahren wir an ihr vorbei.

01.01.2017

Ziegelscherben

Sonntagsruhe abgestellter Maschinen und Werkzeuge.
Baustellensinfonie aus Asphaltwellen, Schlaglöchern.
Schräger noch holpern Fahrzeuge
im Takt der Windkrafträder.

Baumsilhouetten wanken im aufreißenden Licht.
Vor Lärmschutzwänden verwischt Wassernebel
dürre Stämme zu Pyramiden aus Zweiggespinsten.

Hieroglyphen des ägyptischen Sonnengotts blenden
über ziegelrote Scherben vorbei huschender Häuser,
sie fallen von Dachgraten wie faule Äpfel, die verderben.

Vor Saulheim stochern verdorrte Rebenplantagen
durch die Hügel, Vogelheere schwärmen, prügeln
mit spitzen Schnäbeln aufeinander ein,
nach Resten vertrockneter Weinbeeren suchend.
Der Himmel gärt, kocht verspäteten Glühwein.

Wintergrimm

Unter tiefhängendem, schneeblindem Himmel
erstarrtes Grünland, hessischer Spessart,
tiefgefroren, schockgefrostet vom Silvesterlärm.

Hoch lockt das Wolkenhaus Kältedunst
aus dem Boden, weiße Silben,
die der Neujahrsmorgen ausstottert
wie Vorsätze, Wunschgedanken, Hoffnungen.
Sie verhauchen Schicht für Schicht.

Dort wächst Frost, der weiße Stacheldraht,
Äste klirren im Wind wie Silberlinge
im Reich der Eiskönigin, Schwänin kalter Märchen.
Dir schlägt das Herz im Einsamen, Leblosen.

In naher Ferne krachen Hexen
durch die Steinheimer Wehrmauer,
schlagen die Märchentür zu, rau, kratzig, kaltschnäuzig
und singen: „Kusper, knusper, Knäuschen,
wer knuspert an dem Häuschen?"

Durch die Tore ziehen Wintergnome.
Ach Grimmstadt, dir droht
der versfüßige Buchwurm mit Seitenverlust.

Kein Tier, das zu finden wär,
kein Zwerg, der Schneewittchen beweint,
nur Schwaden, die durch die Landschaft ziehen,
silbergrau, aschkalt, verschleiern die Aussicht,
vernebeln Kirchtürme mit Glockengang
bis zur vollständigen Auflösung.

Klirr, Glöckchen klirr

Frostspitzen der Baumkronen, im Wind vereist,
wie klirrende Tannenbaumglöckchen,
halten Nachlese der Weihnachtszeit.

Weißgeister wandeln, verschließen
letzte Lichtungen der Flughafenstraße,
Spur für Spur.

Eine Dunstglocke, über den Flughafen gezogen,
entzieht der Befeuerung das Licht.
Landebahnen schimmern verwaist.

Im Undurchsichtigen verlieren
selbst Vögel die Orientierung,
verzerrte Bilder weißer Gier.
Kein Flugzeug, das zu sehen wär,
kein Flügel, der zu schlagen wär.

Das Businesscenter versinkt im fahlsten Blass
der hohlen Nebelhand.
Untergangsglocken schlagen
gegen den gekenterten Schiffsrumpf,
gestützt auf die Ausgangsröhren
des Niedergangs, ach Altjahr.

Hinter der Flugzeugbrücke blitzen Oberleitungen,
spät bewegt sich der in Gang gesetzte
Hochgeschwindigkeitszug mit neuer Zeitzählung,
dem Unbeweglichen trotzend,
dem Erstarrten entzogen
mit aufgenommener Fahrt.

Orakel

Bäume, aufgereiht, Grenzpfähle der Ackerflächen,
aufragende Eisskulpturen, Märchenfiguren.
Vögel vereint, kauern in den Astkronen,
auf Rutschbahnen mit Gongschlägen,
zitternd gekrümmt und halten Stillmesse.

Hellweiße Wuschelköpfe der Randbepflanzungen
irren hinter der Abfahrt Oberolm auf den Hügeln,
eisgekühlte Rebstöcke, starrästig, windgedämmt,
springen im Eiltempo von Fensterausschnitt
zu Fensterausschnitt.

Die Autobahn gleißt durch einen Dunkelschimmer,
Trüblichter eines Nebeltunnels
inmitten des Spaliers aus Eisbäumen,
metallischer Reifenklang pfeift.

Ein immer weißeres Weiß
spiegelt sich von Seite zu Seite,
vom Himmel zur Erde.

Geistervögel krähen im Sichtflug
über das Autodach hinweg,
stürzen von Lichtloch zu Lichtloch,
die Auguren des Neujahrs
orakeln in den Koloriten des Weißbluts.

Verwinterung

Eiszapfen, Weidekätzchen des Winters,
hängen von Figuren randständiger Baumstämme.
Sträucher, in Zuckerwatte glasiert,
wellen sich die Anhöhen hinauf.

Vor mir flüchten Vögel ins Kahlgeäst
und unter mir, in der Tiefe des Asphalts,
eingehöhlt, verwintern
Eisscherben zu Dauerfrost.

Sonne blitzt über die Dorfebene vor Alzey,
wirft Lichtblicke auf menschenleere Straßenzüge,
schaukelt den Lockenbehang kaltgestellter Krippen.

Auf den Äckern treiben Eisschollen,
als hätte die Arktis Eisberge verschickt.
Zierbäumchen versilbern die Arreale der Wälder
wie Lichtgirlanden einst die Titanic.

Am Heubergerhof trennt Maschendrahtzahn
die Eiswelt von der Autobahn.
Gütertrennung in Steinen,
scheidet das Lebende von Erstarrtem.

Schwarzweißbeeren rieslingen unter der Talbrücke,
Tiergelächter hallt vor tödlichem Geläuf.
Wer trinkt den letzten Eiswein, isst Gnadenbrot?

Kein Reifen, der sich nicht im holprigen Stand
abmühte, abrieb, sich verschliss.

03.10.2017

Wintermystik

Im grauweißen Geäst wacht ein Bussard,
Argusaugen im Kältenebel,
der tieflandig, frosthäutig,
Wolkenschichten vermehrt, bestürmt,
aufhäuft einen dunkelgrauen Turmbau zu Babel.

Die vielsprachige Krümmung der Landschaft
hügelt heran, trichtert das Asphalttal
Schlucht für Schlucht,
keine Ausflucht für Reifendreher.

Links und rechts haften Bäume
wie Reißnägel an den Seitenwänden,
strecken braunrote Laubreste von den Ästen,
als müssten sie den Winter
von der Wachstumspause überzeugen.

Gerodete Feldflächen wechseln mit
weißgesichtigen Ackerböden
im tiefgrundigen Raum.
Ach, welch mystischer Pinselstrich des Winters,
Ahnung in weißen Konturen,
Malerei eines Glimmstängels mit Silberblick,
übertüncht das Graue des Tags
wie Frostverluste schwarzhalsiger Rauchfahnen.

Herbstwanderung

Störche fliegen im Herbstgrau
durch das Hellblau der letzten Himmelsluken.
Weißblütig halten Lianen
Lärmschutzwände zusammen,
Brautschleier der Mauerhochzeit.

Hinter dem Steinheimer Wehrturm
trommeln die Bremer Stadtmusikanten,
am Sammelplatz der Raben
wartet auf Aschenputtel.

Ocker zersprenkelt die Baumkronen,
aus dem Waffeleisen der Wolken
strömt verfrühter Zimtgeruch.

Links und rechts neben der Autobahn
aufragende Kräne, simulieren
aufgeklappte Brückenflügel,
um den Autofluss nicht zu stören.
Bauarbeiter kontrollieren die Notbrücke,
regulieren den Tierverkehr.

Flug der Kraniche

Nahe der Flughafenabfahrt
grüne Erholung der Kronen.
Aus aufgerissenem Wolkendickicht
stürzt das Düsenfieber kerosinhaltig,
sinkt auf den kalten Asphalt
und fällt dem Tag in den Rücken.

Über dem Zubringer zur Startbahn
rollt der Kranich der Technik metallweiß,
erhebt sich pfeifend und trillernd
ins Gegenstandslose der Morgendämmerung.

Eine Viererkolonne warnt lichtbeflaggt.
Das Polizeiaufgebot signalisiert
mit Blaulicht Geschwindigkeitsbegrenzung.
Ein Oldtimer in Seitenlage
ist aus der Zeit gefallen.

Am siebenundzwanzigsten Vereinigungstag patrouillieren
Ordnungshüter vor der Mainzer Abfahrt.
Gonsbachlerchen stehen stramm,
in der Umweltzone Parkflächen
mit Picknickwächter.

Spätlese

Rostbraune Rebstöcke vor Niederolm
wurzeln in den Weinbergen.
Alleenspaliere mit Durchblick
weiten die Ackerflächen ins Unendliche.

Der Windpark feuert den Herbststurm
über die Gegenfahrbahn
in die Flanken der Kraftwagen.
Böengestobenes Laub wirbelt
vor konzentrierten Augen der Fahrenden,
versteift Genick und Köpfe.

Im Burgunderlaub schwärmen Amselarmeen,
Grabenkämpfe der Raben,
rücken heran an die Fahrbahn,
hüpfen Reihe für Reihe
mit den Pferdestärken
um die Wette.

AN DER PEGNITZ

Nürnberger Lebkuchen

Am Samstag vor dem dritten Advent betrat ein Kunde eine Nürnberger Bäckerei. Er wollte gerne Nürnberger Lebkuchen kaufen. Die Verkäuferin begrüßte den Kunden: „Grüß Gott. Wie kann ich ihnen helfen?"

Der Kunde sah sich die Auslagen an und sagte wohlgelaunt: „Grüß Gott, ich hätte gerne ein paar Nürnberger."

„Tut mir leid, Würstchen führen wir hier nicht", bedauerte die Verkäuferin.

„Würstchen? Wer will Würstchen kaufen?"

„Ja, sie haben doch danach gefragt."

„Richtig, ich möchte gerne ein paar Nürnberger," wiederholte der Kunde seinen Wunsch.

„Sie sind hier aber nicht beim Autorennen."

„Wie Autorennen? Wie kommen sie denn darauf?" fragte der Kunde erstaunt.

„Na Nürburgring, da gibt es die Nürnberger."

„Liebe Dame, der Nürburgring befindet sich in der Pfalz, genauer gesagt in der Eifel. Wir sind aber in Franken", erklärte der Kunde in der Hoffnung, dass die Verkäuferin ihn endlich verstand.

Die begann jedoch, sich aufzuregen: „Das weiß ich doch, dass wir in Franken sind. Sie befinden sich schließlich in einer Nürnberger Bäckerei."

„Dann müssten sie doch auch Nürnberger haben oder sind die etwa in die Pfalz ausgewandert."

„Wenn schon, dann in die Kurpfalz. Die gehörte im 18. Jahrhundert auch zu Bayern."

„Wie, die Wittelsbacher stammen doch aus München." Der Kunde war verwundert.

„Die Wittelsbacher haben halb Europa beherrscht. Karl Albrecht von Bayern war König von Böhmen und wurde 1742 zum Kaiser des Heiligen Römischen Reiches gewählt."

„Haben sie deshalb die Vanillekipferl im Sonderangebot?" fragt der Kunde höflich.

„Vanillekipferl gibt es in ganz Europa, sie sind ein traditionelles Weihnachtsgebäck."

„Das sind die Nürnberger doch auch."

„Aber nicht bei uns", versicherte die Verkäuferin.

„Ja was sind sie denn für eine Bäckerei, wenn sie in Franken keine Nürnberger im Angebot haben?" Der Kunde fühlte sich in eine andere Zeit versetzt.

„Wir haben schon im 18. Jahrhundert kleine Kaiserlein gebacken. Zu Ehren Maximilians II. stand Heil unserem König drauf."

„Ich wusste nicht, dass man sich einen König backen kann", warf der Kunde ein.

„Kann man auch nicht, heute werden die Volksvertreter gewählt." Die Verkäuferin fühlte sich auf den Arm genommen.

Der Kunde war über die Belehrungen verärgert. So etwas hatte er nicht nötig, schon gar nicht von einer Verkäuferin. „Haben Sie unter dem Nürnberger Trichter gelegen?"

„Das brauche ich nicht. Ich habe schließlich die Schule besucht. Aber sie könnten vom Nürnberger Trichter sicher profitieren. Dann wüssten sie nämlich, dass in einer Bäckerei keine Würstchen verkauft werden", entgegnete die Verkäuferin erbost.

„Würstchen, wer spricht hier von Würstchen?"

„Sie wollen doch Nürnberger Würstchen kaufen", echauffierte sich die Verkäuferin.

„Bestimmt nicht. Aber sie sind mir anscheinend ein Würstchen. Erzählen mir, dass sie keine Nürnberger haben und dahinten steht das ganze Regal voll damit?"

„Dahinten stehen unsere traditionellen Lebkuchen. Heil unserem König steht heute allerdings nicht mehr drauf." Die Verkäuferin bemühte sich um Sachlichkeit.

Der Kunde schüttelte den Kopf. Wo war er nur hier gelandet? „Gut, dann nehme ich halt die Lebkuchen aus dem Regal, wenn sie keine Original Nürnberger Lebkuchen haben."

„Von was rede ich denn die ganze Zeit. Die kleinen Kaiserlein waren die ersten Nürnberger Lebkuchen, die überhaupt jemals gebacken wurden. Wir haben auch Elisenlebkuchen, genannt nach der Tochter des ersten Lebkuchenbäckers in Nürnberg." Die Verkäuferin war laut geworden.

„Hoffentlich sind ihre Lebkuchen frisch und nicht auch aus dem 18. Jahrhundert", mäkelte der Kunde.

„Sie sind alt genug, um zwischen Würstchen und Gebäck zu unterscheiden und frisch genug, um weich zu sein", erklärte die Verkäuferin aufgeregt.

„Kein Wunder, dass in Nürnberg Rauschgoldengel über den Christkindlmarkt fliegen", entwich es dem Kunden verständnislos.

„Wie bitte? Das gehört auch zu unserer Tradition." Jetzt wurde die Verkäuferin zornig.

„Ja, scheinbar viel Gold, aber nur Blech dahinter", witzelte der Kunde.

Das war der Verkäuferin zu viel, Advent hin, Advent her. Was erlaubte ich dieser Mann!

„Und sie sollten als Rennfahrer auf dem Nürburgring fahren. Die machen auch viel Lärm um nichts."

MITTELMOSEL

Kueser Plateau

16.12.2004

1
Nebel pastellfarben
schwillt
über der Laudatio
der Denkmäler

weißbezuckertes Nadelgehölz
Lichtsprengsel
im Milchglas
der feuchten Kühlung

2
Gemälde
aus zartbesaitetem Pinsel
leicht verwischt
eine Brücke zur Gegenwart
atmet dich

3
Märchenlicht
verklärt das Graubewehrte
im Schilderwald
Sternengleiches
aufgepflanztes Zeitbajonett

Weihnachtsmarkt

Das Graacher Tor scheint niemand aufzuhalten
an steilen Gassen schleift der Schritt der Zeit
sie wächst hinauf und macht die Häuser weit
und spitz Versunknes reift in all den alten

Gewölben was im Schweigen sich erhalten
sich nun in schmalen Gängen unverbleit
ertürmt und aufbricht Gegenwart verleiht
und hingeht auflöst sich im Taggestalten

Ein Inn'res das nicht erblindet sehend
den Grat des Widerscheins aus Mittelalter
am Weihnachtsmarkt Gelebtes schreibt der Psalter

und Altes über Alter am Brunnen stehend
ein Karussell das sich doch nie vollendet
und scheinbar mühelos ein Neues spendet

Burg Landshut

Steilhänge
Wein geworfen
Sonnen belichtet

dreht sich
der Aufstieg
in den Schlossberg

weht die Fahne
seit Adalbero

Ruinengesicht
wacht überm
Moselgestade

mit steingetriebenen
zeitverlorenen Augen

Annakapelle

Eichenlaub glimmt
Morastwege
ockergrün braunrot
Moder befangener Kreuzgang
fußbreit
sturzgefährdet

im Gebet der Gemäuer
der tote Heiland
in der Annakapelle

Winter in Bernkastel-Kues

An der Mosel entlang,
wo jede Traube eine Auslese ist,
kommen sie märchenhaft durch den Winter,

schippern samstags auf der weißen Flotte
rauf und runter, an Weinbergen vorbei,
suchen zwischen Giebelfachwerkhäusern
nach Krimskrams und nostalgischem Spielzeug,
schütten mit Glühwein alle Bedenken weg
und klettern den Berg hinauf
zur Burgruine Landshut.

Dann sehen sie sich um und wandern
zur Sankt Anna-Kapelle,
zählen die Kreuzweg-Stationen,
dass der Himmel alle Gebete hört,
die stiller werden mit jedem Schritt.

Adventsmarkt

Gärten gähnen wie Nebelkrähen.
Beete, verhunzt von Wildschweinen,
filtern Dunst aus dem Licht.

Astgabeln kämpfen mit Raufrost,
Vögel prosten sich zu, Eiswein betrunken,
sitzen auf Mistelperücken,
vor Liebesdurst schnatternd.

Glanzparaden der Stechpalmen,
rot beperlt, winden Kränze
um Weidengeflechte, Kerzen bestückt.

Gelbe Flammenzungen, verzücktes Augenleuchten,
Kinderherzlachen und Nussknacker hacken
auf Glühweinbäckchen zwischen Ständen,
wenn der Wind um das Kettenkarussell
Schneepirouetten dreht.

Vulkaneifel

Entlang der Vulkanstraße
gipfeln raugefügt
Basaltdome im Brohltal
pyroplastischen Strömen entronnen

im Pflanzring der Wälder
kauern die Schlote erloschenen Feuers
einer längst verschlossenen Gluthölle

Schlacken versteinerten zu Tuff
an der Erdkruste beißen Dachse
sich die Zähne aus

vom Bergfried überwacht
stöbern am Rodder Maar Kiebitze
zwischen Graureihern und Teichhühnern

im Tiefflug jagt ein Schwarzmilan Ringelnattern
Haubentaucher verkriechen sich
versinken im See

Burg Olbrück ragt ins Wolkenweiß
auf dem Turm winkt Theoderichs Tochter
tapferen Rittern nach

ihre Knappen lagern auf der Zugbrücke
Burgherren wappnen sich
mit Schlüsselblümchen und Hornveilchen
vor dem großen Sturm der Gäste

NORDPFÄLZER BERG-LAND

Blitzaufnahme

Inmitten gelber Winterwiesen
aufsteigt der Donnersberg.
Kobolde trollen an Randstreifen,
von Mooswällen umhügelt.

Nebelschleier fallen auf mich wie Gipfelstürze,
Raketen des Bergmassivs krachen
aus Wolkenlöchern in die Feuerfunken
blitzender blendender Sonne,
bis der schwarzzüngige Berggeist
die Schleppen zurückzieht aus keltischem Bann.

Die Höhe, eine Himmelfahrt weiter Blicke,
schickt Blitzlichter zur Aufnahme des Blauen.

Mich überdacht die Lanzenbachtalbrücke.
Ausschweifende Kurven vor Augen
naht Sembach.

01.01.2016

Naturpark Pfälzer Vogesen

Windkraftrad auf entlegenem Hügel,
Hochsitze, Altäre der Waldpflege,
überthronen den Pfälzer Wald.

Unter den Wachstationen des Naturparks
Wildschweinrotten, Hirschhorngeschiebe,
Rinden geschundener Bäume.

Heimkehrende Tiere zwinkern mir zu,
stolpern unerkannt unter der Eselsbachtalbrücke
durch gepflügte Felder.

Sonnenkollektoren reflektieren Licht,
ersetzen die Zeiger der Mittagsuhr,
das Blau über Einsiedlerhof vergrößert.

Allein mein Herzschlag stockt im Heraufziehen
neuer Regenfronten vor der blauen Stunde.
Das lichte Tagwerk umdunkelt mich,
nur die Scheinwerfer hellen.

Silberwald

Hinter der Lanzenbachtalbrücke tanzen
die Pfälzer Nordvogesen mit dem rotnasigen Rentier,
gipfeln Bergspitzen, glänzen Eis belichtete Baumzinnen.

Drüben auf dem Plateau brilliert ein Hochsitz,
starrt wie eine Quecksilbersäule mit Schneenasen,
wachend über den Diamantenstaub des Silberwalds.

Im Nebelschimmer fliegt eine Pferdetroika vorbei,
Väterchen Frost zieht Schneespuren im Gelände,
im Schlepptau den Jungen Neujahr.

Wind verbog die Bäume, zwang sie in die Seitenlage,
Geburtskanal für die Flüchtlinge des Winters.
Die gegenüber liegenden verzerrten Silhouetten
langgezogener Kristallwehren senden Rauchsignale
für die Schneemänner des Klirrlieds.

Vor Kaiserslautern reißt der Winterhimmel auf
lässt Eisblumen aufblühen im kurzen Lichtblick
des Januarmorgens.

Saarpfalz

Maulwurfshügel springen über die Felder
wie kleine Misthaufen,
auf der Spiegelfläche der Eiszeit
Rehversammlung, kein Bock,
der nicht zu springen wüsste.

Landstuhl naht, die Auflösung
des Rotwilds hinter Gesträuch und Nebelung.
Heuballen im Eismantel,
liegen aufgerollt auf der Erde der Schwarzbachwiesen.
Rabenvögel gehen durchs Land mit spitzen Schnäbeln,
Vogelscheuchen des Winters.

Einzäunungen unzugänglichen Geländes
treiben die Wiesen ab, die Wälder.
Die Air-Base lagert verborgen im Forst,
Transallflieger drehen Festtagsrunden
in den Wolkenhallen, Zinnsoldaten blasen
den Zapfenstreich.

Eisbällchen wirft der Wind
von Nadelspitz zu Nadelspitz,
Pingpongspiele des Winters, hochglanzpoliert
wie Orgelpfeifen, die den Neujahrstag weihen
mit Bachscher Fantasie,
das Oratorium vor den Toren
heimatlicher Geborgenheit.

Einfahrt

Schönenberg-Kübelberg grüßt
das weißhaarige Saarland,
heimatlicher Willkommensgruß
aus dem Glantal.

Die Autobahn verbreitert sich,
Pferde klopfen auf gefrosteten Koppeln,
schütteln sich vor Unzugänglichem, Unwirtlichem.
Kleine Vogelschwärme winden sich
in die Höhe vor der Einfahrt.

Der Homburger Bruch verwaist,
je kälter die Temperaturen fallen,
desto weißer wird die Aussicht.
Lärmschutzwände wimmern vor sich hin,
das Knarzen verrosteter Kletterhilfen gewiss.

Heimkommen, Abfahren, letztmalig,
zurückkommen auf frostgebeutelten Landstraßen.
Ein goldener Ring hält aus der Höhe
die Höfe zusammen, sichert Hausburgen
mit seltener Wärmezufuhr.

Tautränen des Mittags,
sonnengezapft, drehen den Lichthahn auf
und entzünden das Flimmerwerk
des ersten Januartags.

OBERMOSEL

Renaissancegarten Schloss Berg

Umschlinge mich Buchsgebüsch
mit Knotenpunkten

du bist der Sonnenuhr Leisezeit
Stillfläche blauen Gefalls

versunken zwischen Eibenbällen
nimmt eine Bank meinen Körper auf

Harmonie des Windgestreichs
umsonnt, belichtet
gelöst meine Glieder

Pergolengehölz überspannt
Endpunkte der Splittgänge
von Tausendjährigen umwunden:
Duftkränze aus Rosenranken

inmitten des Grünlieds Tonwechsel
gelber und roter Akkorde
wenn das Schattenglissando sie trifft

Römische Gärten der Villa Borg

Rosenzimmer
römischer Duftfall
Buchsbaumteppichen zu Füßen
auf der Suche nach liebesblauen Blumen

Tropfenträume auf weißem Brunnengehöft
zerspringen auf der Auffangschale
tausendfache Lichtsplitter

Najaden entschweben
weben auf der Ruhebank
Brautschleier für die Heere Jupiters

ich sinne auf der Erinnerungsinsel
Hochzeiten der Römerseele nach
venusisches Geträum
aus vergangenen Berührungen

wie schlicht sie mir scheinen
beim Aufgang der Plejaden
sieben Punkte im Dämmerungshimmel
die noch immer die Richtung ausleuchten

Moselgestade

Laubschleppen
gelbgrünes Weidenkleid
Borkenkrepp Lebenszweig

Blattrispen
rotgrüner Eichenrost
Herbstkronen Astgeschoss

Graspolster immergrün
Halmschöpfe ockergelb
Binsen und Farne
Stiele gefächert
Wollgras im Wasserglanz

Blatthorste blau bereift
Halmwedel silberhell
weißes Gefieder
Esche und Ahorn
Mosel im Schwanentanz

Moselpromenade

Moselwasser perlt
blau gesättigt

Linden beschatten
das Ufergrün

Laub gelichteter Höhenblick
Alleen vergolden sich

Schwanengesang

Kupferwurf der Sonne
Schattenfall
im Regenrost

Rotlicht
zugeblättert
im braunen Harsch
ehe Winterschläfer
das Unterholz besiedeln

all meine Schwäne
wildern über die Hügel
fliegen auf weißen Flügeln
den Glast aus
den das Dämmern übrig ließ

Haff Réimech

Ein Eisvogel saß im Gebüsch

Ein Eisvogel saß im Gebüsch,
versteckt im warmen Blätterplüsch.
Er spähte nach dem Fischfrühstück
und hoffte auf des Fischers Glück.

Eiwohl, dachte sich die Forelle,
ich diene nicht als Nahrungsquelle!
Und schwamm sogleich unter den Schutz
der Steine und dem Binsenputz.

Der Eisvogel mit scharfem Blick
verfolgt den Bachforellentrick.
So, so, da muss ich wachsam sein,
ich find dich unterm Flussbettstein. -

Derweil die Sonne heller strahlte,
der Fluss mit Dunstgeweben prahlte
und plätscherte landauf, landab,
hielt seine Gäste voll auf Trab.

Die Bachforelle schielt zum Licht,
der Eisvogel ahnt das Gericht
und prescht hinein in klare Wellen,
der Wassersog fing an zu quellen.

Im Strudel zog's die Fischlein fort,
versprengten sich im Wurzelhort.

Die Bachforelle, aufgeschreckt,
hat ihren Kopf hinausgereckt.

Die Neugier hat sie übermannt,
vergaß Gefahren über Land.
Da wurde sie zur leichten Beute.
Der Eisvogel es nicht bereute

23.09.2006

Schengen

Rebenreihen
beherbstet
stürmen den Hang
sonnendurchhellt
zerfließt ihr Gelb

rotes Weinlaub
entflammt
Trauben im Trockenbrand
besüßt im Blau
in lichter Aue

Waistrooss

Weinstraße Luxemburgs
Taverne des Lichts
im Übergrün
sonnenbefangen

Terrassen der Rebstöcke
beschatten den Hang

Trauben betrinken sich
am Spätsommer

im Haff Réimech
hüpfen Teichrohrsänger
Eisvögel stürzen in Seen

Schattenspielzeit
auf der Mosel Lichtscherben
ein Schwan zieht davon

BOSTALSEE

06.04.2007

Laufzeit

Feuer fangen die Scherenschnitte der Stämme
verbrennen im Schoss der Lichtkralle
ich wandere auf dem Kohlepapier der Dämmerung
auf grünen Strichen im Umland

Tritte des Aufbruchs rucken an meinen Fährten
unbemerkt wächst der Umriss sichtbarer Dörfer
sie streifen die Nacht ab wie Läufer den Schweiß
wenn sie unter die Räder der Bewegung gelangen

an der Staumauer ist die Vorfahrt eingezeichnet
der schräge Abriss des Damms sticht ins Wasser
Enten rutschen auf glattem Beton in den Seegang

Asphalt geschmolzener Stahlknochen
grinst grau in den wägbaren Himmel:
Muskelspiele für die Ablösung der Laufzeit

Nachmittag

Auf zuckender See
blendet die Sonnenpeitsche
trägt mich die Fähre
lüstern leichten Wellengangs?

doch weshalb gezwungener Glanz
meine Augen tränen
eine andere Seite des Ufers?

einen Steinwurf entfernt
federt Wildentenflaum
tändelt über Pflastersteine
hinunter ins Becken
überläuft den Windhauch
den ich einatme
im Lichtkern des Nachmittags

er spuckt Wärme aus wie Lavaglut
brodelt, läuft aus ins Leck
aufziehenden Blaus
als hätte es nie zuvor Abende gegeben

Im Röhricht

Im Röhricht seufzt die See
zwischen Schilfrohr und Binsen
stolzieren schwarz befiederte Stelzen
Raubvögel lärmen, treiben ihr Schlagwerk
in Nistplätze, Teichrohrsänger zetern

Gezwitscher aus Dickicht
Drosselbanden fliegen auf
in der Kolonie der Wasserschwaden
verkriechen Larven sich und Raupen

Rohrkolben halten die Köpfe zusammen
ihre Ährchen verfangen sich
in den Dolden der Schwanenblumen

schon spitzen die Scharfrichter die Schnäbel
stochern im Schilf der Wasserpflanzen
klopfen den Boden ab
nach dem Laich der Karpfen und Hechte

UNTERE SAAR

Merzig – Garten der Sinne Juni 2005

Rosengarten

Rosengestade
Insel voller Gefühl
nimmst auf die Gestrandeten
brennende Wunde wird kühl

Rose Seelenbalsam

in deinen Schonungen
blüht das Verlorene auf
dein Sinnen erfüllter Garten
ebnet den Liebeslauf

Rose Vollbringerin

dein weltentrücktes Leuchten
nährt verstummtes Lebensbeet
mit frischem Liebeskorn
Trauer verweht

Rose Liebesflaum

in deinem Glühen
entflammt loderndes Licht
seliges Taumeln
in deinem Blütengesicht

Rose Entzünderin
elegisches Seelentuch
Glutstätte

Rose Duftreigen
Essenz des Begehrens
Liebesöl
Rose Blütensamt
Purpurseide
Liebesbett

Rosenblüte

Wie aus grünen Schattenrissen
sich die Knospe überbeugt
zaubrisch hat sich losgerissen
ihre Blüte dornbezeugt

Blatt für Blatt entzückte Röte
Farbenspiele ungezählt
Herz für Herz sich überböte
wenn das Glück sich's auserwählt

hingegeben diesem Schönen
trifft die Rose tief ins Mark
will sich alles mit ihr krönen
Liebesblume Rosenpark

Rosenhymne

Rosenherz lass funkeln
deines Leuchtens Liebesspiel
hüll mich ein in Blütenseide
deinen Blätterstil
trage dieser Düfte Balsam
meinen Sinnen auf
atme dich in meinen Atem
wiege mich hinauf

Königin des Lichts du
Seelenglut berühre mich
tief in allen Schichten
dass mir 's glücken kann durch dich

spüren will mein Herz
das deine trinken deinen Hauch
dass dein zärtlich Übersinnen
nimmermehr verrauch

Sommerrosen

Lass uns Rosenranken flechten
Rosenranken blühende Duftbögen
lass die Tage dieser Jahre
allen Liebens Eingang sein

Lass umweben uns mit echten
Himmelsblicken glühend wir flögen
in den hellen Raum das Wahre
wäre Glanz im Widerschein

Lass uns wiegen und besiegen
was uns hindert alles wir vermögen
uns an Sommerrosen schmiegen
und vom Trennenden befrein

Im Farbgewirr

schwirren Garben
aus Blütenährchen

Märchen hütet
das Knospengeklirr

Lichtgarten

Lichterloh entbrennen
Farbgespenster
im Sonnenbogen

Astersternchen
ziehen Baum beschattet
ihre Bahn

Tagfalter schwirren
um mich

Die Welle

Lichtverzögert
stäubt von der Welle
Steinsame Staub

das Kiesbett
zählt Silbertaler
im Gräserflaum

streu deinen Seelensamen
luftfarbenleicht
über Morgenbeete

Fürsorglich

Das Zelt in Merzig ist voll
wie die Bühne mit Musikern,
die das Volk bespielen,
Fox, Swing, Musical:
All I want is a room somewhere…
Summertime and the living is easy…

Alles ist in Festtagsstimmung.
Der Teenager im Zelt hat Pause,
die Aufsicht fragt, wie alt sie denn sei.
Mitkommen ist eine Anweisung,
die minderjährige Sängerin wird gepackt.

Sie lässt sich nicht beirren,
reißt sich los, schüttelt sich empört.
Ich muss doch singen,
sagt sie und rennt zur Bühne.

Der nächste Auftritt wartet bereits.
Er steht im Tor…
Der Dirigent ist der Vater.

Nachkriegsmusik

Auf dem Hügel des Senders Europa eins
trompetet die Moonlight Serenade
in den Äther der Nachkriegszeit.

Glenn Miller swingt im Theater am Ring.
In Saarlouis rollt die Saar-Bigband
den Chattanooga choo choo
vor die Füße der Besatzer,
weil die Kohle ins Elsass fährt
und das Saargebiet hin und hergerissen wird.

Grenzkontrolleure zerlegen an Silvester alles,
was ihnen vor die Augen kommt.
Musikinstrumente verlieren Saiten und Stege,
der Kontrabass hat den Klang verlegt,
französische Töne werden
aus Mikrophonen gepresst.

Beim Galadiner in Sarreguemines singt
das blutjunge deutsche Fräulein
von der Champs Élysées.
Gäste suchen vergeblich nach einem Akzent,
begießen das Neujahr gemeinsam mit Champagner.

Unkontrollierte Rückfahrt ins Saarland.
Die Gage liegt im Wohnzimmerschrank
hinter dem Tafelservice.
Der Dirigent hat das Verstecken nicht vergessen.

März im Beruser Forst

Europadenkmal am Bergsporn des Saargaus.
Zwischen bewaldeten Kuppen des Höhenzugs
wabern Nebelhorizonte ins Tal.

Im Wust silberner Distelwolle
mäandert struppiges Gesträuch
entlang steiniger, greinender Waldwege.

Wo kalkiges Gestäub in Lichtschneisen wirbelt,
lagern alte Eichen bemoosten Astbruch ab,
Bockkäfer fressen sich durch das Totholz.

Unter verwarzten Astgabeln
knarrender Wurzelstöcke
vergraben sich Waldmäuse,
Pilze und Knospen verscharrend.

Efeu umwachsen die kahlen Planken
hoher alter Stämme, sattgrün, blätterflorig.
Spechte klopfen holzspanend
futtersuchend die Borken ab.

Quellwasser gurgelt unablässig
durch die Rohre der Kalktuffterrasse,
braust aus dem Beruser Forst
am Fuß des Gesteins wie Wasserfälle,
teichfüllend, eine blaue Lagune bildend.

Und von den Höhen singt es klamm:
„Heilge Orann, schick mir nen Mann."

Im Niedtal

Blattknospenflaum
grünt an Verästelungen
Kätzchenkorken baumeln

rötliches Schimmern
der Rinden in den Zweigen
Käfer krallen

Rapsfeldergold
rüttelt am Asphaltgrau
Blütenkörbchen taumeln

stürmischer Wind schüttelt
die Wölkchen blau
Äcker wallen

im Apfelblütenschaum
droht die Vogelscheuche
Traktoren fahren

Würmer schleichen
in Furchenspuren
Rabenheerscharen

Lichterfest

Saarwellingen dreidelt.
Das Kaufhaus Feltes findet Geld auf der Straße.
Hinter der Kasse des Schreibwarenladens
lauern falsche Preise.

Saarwellingen dreidelt.
Julius Salomon war hier,
am Lichterfest raunt Liesel das Brachot:
Gepriesen seist Du, Ewiger, unser Gott, König der Welt.

Saarwellingen dreidelt.
Hinter der Schliefstraße ruhen jüdische Gemeindemitglieder,
Leo Grünfeld wartet in der Engelstraße auf seine Schüler,
Gemeinschaftsschüler setzten neue Stolpersteine.

Neunundachtzig Erinnerungssteine als Zeitzeugen,
Yad Vachem kennt alle Namen.
Saarwellingen dreidelt.

Zeitspiegel

Lang zieht sich die Bittprozession
durch Saarwellinger Felder,
zur Litanei der Vorbeterin
singen in den Wiesen die Grillen.
Der Musikverein bringt Noten zum Gehen.

Wenn in der Festhalle
Greesen mit Rummelboozen kämpfen,
werden blanke Wortmesser gezogen.
Faschingsscherze nennt man
die Übergriffe der Zivilisierten.

Crichinger trommeln den Tod
aus der Dynamitfabrik,
während die Atlantis-Show-Band
den Mehrklang probt.
Eine neue Messe
komponierte Wolfgang Jensen.
Hesebacher trompeten das Erdbeben
aus der Kirche.

Durch die Bahnhofstraße
schlängelt sich der Trachtenumzug,
den Auftakt salutieren Jäger mit Hörnerklang.
Zur Blasmusik pfeift Birnenschnaps den Himmel an.
Im Spiegel der Tanzpaare verfängt sich die Zeit.

Òm Ellbach

Uusa Strööß hòtt links un rechts noch Wiesen,
dazwischen Gräwen volla Wassa lònggezoo.
Johanniskäfa sin drin rumgefloo,
Gestripp is monchmoll hochgeschoss zu Riesen.

Gesteat hòtt uus dat nit, nix kunt vamiesen
de Spass, dòdrinn se stöban, abgewoo
de Sprung uff die anna Seit vom Ellbach, geboo
dòfoa ään Ascht, um sich abseschießen,

woa ga nit änfach ohne Sä, int Wassa
sin mia mea als äänmoll ringefall,
sin rongeroppt ont Ufa, uus die Annan all

de Hänn gestreckt, doch weil noch nassa
ma woa, is ma serick gerutscht òm Ascht,
gekrawwalt wie ään Frosch aus em Morascht.

Am Ellbach

Links und rechts von unsrer Straße lagen Wiesen,
dazwischen Wassergräben langgezogen,
Johanniskäfer sind darin herumgeflogen,
Gestrüpp schoss manchmal hoch als wären's Riesen.

Gestört hat uns das nicht, nichts konnt' vermiesen
den Spaß, darin zu stöbern, abgewogen
den Sprung auf Ellbachs andre Seite, gebogen
dafür den Ast, um sich abzuschießen,

war gar nicht einfach ohne Säge, ins Wasser
sind wir mehr als einmal reingefallen,
sind ran geroppt ans Ufer, die anderen uns allen

die Hände ausgestreckt, doch weil noch nasser
wir waren, sind wir zurückgerutscht am Ast,
gekrabbelt wie ein Frosch aus dem Morast.

Dahämm

Wenn eich mein Haus von drauß beguck
Siin eich wat dò noch fäält
Da Butz de Briifkaschde de Hausnumma aach
Eich männ dat hat noch Zeit

Wenn eich moll furt bin von dahämm
dònn denk eich imma dròòn
daß't nit dat Scheen is war fäält
eich denken bloß dòdròòn

dass kääna eppes bessa wääs
un kääna gift me òòn
dònn määnt eich wissen
wat pasiat so met de Leit dahämm

op Schirras Opa schun geshtorf
da Heini schun geschiit
op newendròòn dat Haus vakaaft
un op mei Lewen lòng
eich met da Schneidasch Huddel honn
oda't doch gudd gift

eich honn ia letschtens eascht gesaat
da liibscht is mia mei Rou
un dass doch jeda gucken muss wii't get
mä'm Haus un dem drumrum

wenn eich oll furt bin von dahämm
donn denk eich imma dròòn
dass't nit dat Scheene is wat fäält

it iss dat Schwätzje met de Leit
un't Treiwen aus em Dorf

Daheim

Wenn ich mein Haus von draußen anschau
seh ich was dort noch fehlt
Der Putz der Briefkasten die Hausnummer auch
ich mein das hat noch Zeit

Wenn ich mal fort bin von daheim
dann denk ich immer dran
daß es nicht das Schöne ist was fehlt
ich denke bloß daran

dass keiner etwas besser weiss
und keiner gibt mehr an
dann möcht ich wissen
was passiert mit den Leut' daheim

ob Schirras Opa schon gestorben
der Heini schon geschieden
ob nebenan das Haus verkauft
und ob mein Leben lang
ich mit der Schneiders Ärger hab
oder es doch gut wird

ich hab ihr letztens erst gesagt
am liebsten ist mir meine Ruhe
und dass doch jeder schauen muss wie es geht
mit dem Haus und dem Drumherum

wenn ich mal fort bin von daheim
dann denk ich immer dran
dass es nicht das Schöne ist was fehlt
es ist das Schwätzchen mit den Leuten
und das Treiben aus dem Dorf

In da Bòònt in Wellingen

In da Bòònt hònn Fußball mia gespillt,
uus hònn kään Autos iwa Daach gesteat.
De Ströòß woa glatt genuch dafoa geteat,
un monchmoll hòtt de Sunn uff ia gegrillt.

Un wenn voa lauta Hitz se wellisch uffgerillt,
hònn mia de Klicka ausgepackt, vameat
se durch Gewinnen, annan Säck geleat
un ausgetrixt. Wenn ääna laut gebrillt,

weil a se vill valoa, hònn mia gezänkt,
gestritt, bis Nòòpaan aus em Finschta
gerouf, ma sollt vaschwinnen, han hinnam Ginschta

uus vastoppt, gewaat, gelout, de Kopp varenkt,
sin òn de Ellbach durch dii Wies gerònnt,
dii Friedenspeif hòtt lòng geraucht, gebrònnt.

In der Straße in Saarwellingen

Wir haben Fußball in der „Bòònt" gespielt,
uns hat kein Auto tagsüber gestört.
Die Straße war dafür glatt genug geteert
und manchmal hat die Sonn' auf ihr gegrillt.

Und wenn vor Hitze sie wellig aufgerillt,
haben wir Klicker ausgepackt, vermehrt
sie durch Gewinnen, andren die Säckchen ausgeleert
und ausgetrickst. Hat einer laut gebrüllt,

weil er zu viel verlor, packten wir uns am Schopf,
wir stritten. Wenn Nachbarn riefen aus dem Fenster,
wir soll'n verschwinden, haben wir hinterm Ginster

uns versteckt, gewartet, geschaut, verrenkt den Kopf,
sind an den Ellbach durch Wiesen gerannt,
die Friedenspfeif' hat lang geraucht, gebrannt.

Greesendach

Die Greesen kummen, die Greesen kummen
Saarwellingen is volla Leit
wea haut sich ohne Maske zeit
dem fängt da Kopp laut on se brummen

weil nix me is wie't gischta woa
alles is haut gonz umgekeat
ma wääs nimme wat sich geheat
wea komisch lout dea is noch kloa

Die Greesen kummen, die Greesen kummen
die ewen iwa se gerätscht
ginn gleich moll struwellisch geplätscht
unn doot geschwätzt um se vadummen

wea anneren dòò schnell vatraut
gift rot vakusst un abgeschleppt
von Faasendbòòzen gutt geneppt
un schwupps da Geldbeidel geklaut

Danòò is alles widda rum
kään Donzmariechin Publikum
un kään Mengenkes me gemach
haut sòòn die Leit widda nua Tach
dea alte Ärnscht is widda dòò
all Greesen widda abgezòò

Moselfränkische Mundart Saarwellingen

Greesentag

Die Greesen kommen, die Greesen kommen,
Saarwellingen ist voller Leut'
wer ohne Maske sich zeigt heut
dem fängt der Kopf laut an zu brummen

weil nichts mehr ist wie's gestern war
heute ist alles umgekehrt
man weiß nicht mehr was sich gehört
wer komisch schaut der ist noch klar

Die Greesen kommen, die Greesen kommen
wer eben über dich geratscht
wird erst mal richtig abgeklatscht
und tot geschwätzt um zu verdummen

wer anderen da schnell vertraut
wird rot verküsst und abgeschleppt
von Faschingsnarren gut geneppt
und schwupps der Geldbeutel geklaut

Danach ist alles wieder rum
kein Tanzmariechen Publikum
und keinen Unfug mehr gemacht
heut sagt man wieder: „Guten Tag"
der alte Ernst ist eingezogen
die Greesen wieder abgezogen

Herbststurm

Vögel ziehen ellbachwärts
Äste sich entblättern,
Wolken sind kein Wetterscherz,
treiben weiter himmelwärts,
Sehnsuchtsworte klettern.

Ach, der Mond den Abend stillt
nächtlich unter Sternen;
ist die Seele nicht gewillt,
Hoffnung aus den Träumen quillt,
Schatten sich entfernen.

Später Sturm aus Windes Kräften
fasst die Luft am Kragen,
reißt die Blitze aus den Schäften,
Einschläge sich daran heften
Böden Risse tragen.

Wer im Herbst im Sturmeswind
schnell Schutz suchen muss,
keine offne Tür mehr find',
alles ändert sich geschwind,
fragt nicht nach Verdruss.

Einer weiß, wohin du gehst
auf den grauen Wegen.
Wenn du es auch nicht verstehst,
oft nach Licht und Wärme flehst,
ihm ist an dir gelegen.

WERKVERZEICHNIS

Vermisstenanzeige. Gewidmet den ermordeten Juden des Naziregimes. Lyrik und Prosa. Vera Hewener. Libri BoD. Norderstedt 2000. ISBN 3-8311-0748-3. 2. erw. Auflage 2014. ISBN 978-3831107483.

Lichtflut. Reisenotizen. Lyrik und Prosa. Vera Hewener. Edition Calamus. Norderstedt 2001. ISBN 3-8311-1493-5. 2. erw. Auflage 2014. ISBN 987-3831114931.

Eine Neigung aus Blau. Gegenwartslyrik. Vera Hewener. Norderstedt 2002. ISBN 3.8311-3334-4. 2. Auflage 2014. ISBN 9783831133345

Bist Himmel mir und tausend Feuerfunken. Gedichte. Vera Hewener. Mauer Verlag. Rottenburg a/N. 2003. ISBN 3-937008-46-2.

Verwirbelungen der Zeit. Vera Hewener. Lyrik mit Bildern von Carolin Isele. WiKu Éditions Paris E.U.R.L. Paris und WiKu Verlag KG Berlin 2005. ISBN 3-86553-203-9.

Es kommen andere Ewigkeiten. Gedichte. Vera Hewener. WiKu Édition Paris ISBN 2-84976-0188 WiKu Verlag 2007. ISBN 978-3-86553-189-6.

Himmelsstürme. Vera Hewener. Gedichte mit Fotografien. edition Wort Verlag Bitburg 2010. ISBN 978-3-936554-00-3.

Das Jahr: Dichtung in vier Sätzen. Vera Hewener. Gedichte mit Fotografien. BoD Books on Demand Norderstedt 2013. ISBN 978-3-7322-3168-3.

Zaubervolle Winterwelt. Gedichte, Geschichten, Notizen. Vera Hewener. Verlag BoD Books on Demand. Norderstedt 2014. ISBN 9783735761262.

Frühlingsserenade. Die schönsten Gedichte, Geschichten und Notizen zur Frühlingszeit. Vera Hewener. Verlag BoD Books on Demand. Norderstedt 2015. ISBN 978-37347-3140-2.

Die Blüte des Sommers. Sommeranthologie. Die schönsten Gedichte, Geschichten und Kalendernotizen. Vera Hewener. Verlag BoD Books on Demand. Norderstedt 2015. ISBN 978-3-7347-89540.

In der Saar schwimmen keine Krokodile. Gegenwartslyrik & Texte. Vera Hewener. Verlag BoD Books on Demand. Norderstedt 2015. ISBN 9783738635676

Von Lorraine nach Aquitaine. Reisenotizen in Lyrik und Prosa. Reiseliteratur Band 1. Vera Hewener. Verlag BoD Books on Demand. Norderstedt 2016. ISBN 9783741210860.

Du trocknest meine Tränen wieder. Religiöse Lyrik & Texte. Vera Hewener. Verlag BoD Books on Demand. Norderstedt 2016. ISBN 9783743113589.

Zaubervolle Jahreszeiten. Der Frühling. Vera Hewener. Verlag BoD Books on Demand. Norderstedt 2017. ISBN 9783743125117.

Aus meinem Federkiel. Magische Momente. Natur & Seele. Gedichte. Vera Hewener. Verlag BoD Books on Demand. Norderstedt 2017. ISBN 9783744870511.

Zaubervolle Jahreszeiten. Der Sommer. Vera Hewener. Verlag BoD Books on Demand. Norderstedt 2017. ISBN 9783744870993.

„Kerzen, Wunder, Himmels-Zunder". Vera Hewener. Lustige und besinnliche Geschichten und Gedichte zur Advents- und Weihnachtszeit. Verlag BOD Books on Demand. Norderstedt 2017. ISBN 9783744893824. 2. Ausgabe 2019. ISBN 9783738629682.

Die Jahreszeiten: Auslese. Gedichte. Vera Hewener. Verlag BOD Books on Demand. Norderstedt 2018. ISBN 9783738636017.

Werkausgabe Band I. Frühe Gedichte 1970-1999. Verlag BOD Books on Demand. Norderstedt 2018. ISBN-13: 9783746025292.

Kinder, Hund, Familienbund. Lustiges, Tierisches und Allzumenschliches in Lyrik und Prosa. Vera Hewener. Verlag BOD Books on Demand. Norderstedt 2018. ISBN 9783746056821.

Zaubervolle Jahreszeiten. Der Herbst. Vera Hewener. Verlag BoD Books on Demand. Norderstedt 2018. ISBN 9783752842135.

Christnacht, Glocken, Engelslocken. Gedichte und Geschichten zur Weihnacht. Vera Hewener. Verlag BoD Books on Demand. Norderstedt 2018. ISBN 9783748107637. 2. Ausgabe 2019. ISBN 9783741251641.

In der Saar feiern die Fische. Gegenwartslyrik & Szenen. Vera Hewener. Verlag BoD Books on Demand. Norderstedt 2019. ISBN 9783732237142. 2. Aufl. 2020. ISBN 9783752810080.

Von Brandasund bis Nasholim. Reisegedichte, lyrische Ausflüge, Geschichten und Notizen. Reiseliteratur Band 2. Vera Hewener. Verlag BoD Books on Demand. Norderstedt 2019. ISBN 9783732235841.

Tannen, Lobgesang, Weihnachtsklang. Gedichte, Geschichten, Liedtexte und Bühnenstücke zur Advents- und Weihnachtszeit. Vera Hewener. Verlag BoD Books on Demand. Norderstedt 2019. ISBN 9783750400030.

In der Saar tanzen die Schwäne. Gedichte, Geschichten & Szenen. Vera Hewener. Verlag BoD Books on Demand. Norderstedt 2020. ISBN 9783751921060.

Zaubervolle Weihnachtswelt. Geschichten, Gedichte, Stücke & Notizen zur Advents- und Weihnachtszeit. Vera Hewener. Verlag BoD Books on Demand. Norderstedt 2020. ISBN 9783752606409.

Weihnachtsklang, Lobgesang. Deutsche Gedichte und Nachdichtungen internationaler Weihnachtslieder, Gospels, Spirituals und deutsche Weihnachtslieder in moselfränkischer Mundart. Vera Hewener. Verlag BoD Books on Demand. Norderstedt 2020. ISBN 9783752606393.

Sodom und Camorra. Kurze Bühnenstücke für viele Gelegenheiten. Vera Hewener. Verlag BoD Books on Demand. Norderstedt 2020. ISBN 9783752606386.

Oh Frühling, komm! Natur, Stadt & Land. Die schönsten Frühlingsgedichte. Vera Hewener. Verlag BoD Books on Demand. Norderstedt 2021. ISBN 9783753439594.

Oh Sommer, leuchte. Natur, Stadt & Land. Die schönsten Sommergedichte. Vera Hewener. Verlag BoD Books on Demand. Norderstedt 2021. ISBN 9783753421414.

Oh Herbst, wandle!. Natur, Stadt & Land. Die schönsten Herbstgedichte. Vera Hewener. Verlag BoD Books on Demand. Norderstedt 2021. ISBN 9783754320655.

Oh Winter, schneie! Natur, Stadt & Land. Die schönsten Wintergedichte. Vera Hewener. Verlag BoD Books on Demand. Norderstedt 2021. ISBN 9783754347034.

Das kleine Tännlein. Die schönsten Weihnachtgeschichten. Vera Hewener. Verlag BoD Books on Demand. Norderstedt 2021. ISBN 9783755701705.

Denn die Zeit ist des Ewigen Aufgang. Zeitgedichte von der Morgenröte bis zur Abendstunde. Vera Hewener. Verlag BoD Books on Demand. Norderstedt 2022. ISBN 9783755738756.

Denn die Nacht ist der Spiegel der Sterne. Abend- und Nachtgedichte. Vera Hewener. Verlag BoD Books on Demand. Norderstedt 2022. ISBN 9783755730125.

Verrückte Tierliebe. Tiergedichte für alle Generationen. Vera Hewener. Verlag BoD Books on Demand. Norderstedt 2022. ISBN 9783754359860.

Wellen, Wogen, Himmelsbogen. Gedichte und Geschichten über Meere, Ströme und Gewässer. Vera Hewener. Verlag BoD Books on Demand. Norderstedt 2022. ISBN 9783755734468.

Äpfel, Nuss und Mandelkuss. Weihnachtsgeschichten. Vera Hewener. Verlag BoD Books on Demand. Norderstedt 2022. ISBN 9783756223770.

Das Licht der Weihnacht. Die schönsten Weihnachtsgedichte. Vera Hewener. Verlag BoD Books on Demand. Norderstedt 2022. ISBN 9783756844197.

In Paris ist die Zeit verschwunden. Gedichte. Vera Hewener. Verlag BoD Books on Demand. Norderstedt 2023. ISBN 9783734714283. 2. erweiterte Auflage 2024. ISBN 9783759735386.

Oh Rose, Zauberblume, Rosengedichte und Geschichten. Vera Hewener. Verlag BoD Books on Demand. Norderstedt 2023. ISBN 9783738612936.

Vom Salzburger Land bis Südtirol. Reisenotizen in Lyrik und Prosa. Reiseliteratur Band 3. Vera Hewener. Verlag BoD Books on Demand. Norderstedt 2023. ISBN 9783744818124.

Weihnachtstheater. Kurze Bühnenstücke, Sketche. Vera Hewener. Verlag BoD Books on Demand. Norderstedt 2023. ISBN 9783746092607.

Heller Glanz in stiller Nacht. Neue Weihnachtsgeschichten, Gedichte. Vera Hewener. Verlag BoD Books on Demand. Norderstedt 2023. ISBN 9783755700357.

Naturgedichte. Landschaften, Städte, Jahreszeiten. Vera Hewener. Verlag BoD Books on Demand. Norderstedt 2024. ISBN 9783757830540.

Pfeift ein Vogel den Liebeslaut. Vogelgedichte, Notizen, Geschichten. Vera Hewener. Verlag BoD Books on Demand. Norderstedt 2024. ISBN 9783758371417.